ANDREA CATTANEO

MANAGER SI DIVENTA

Diventa un Manager di Successo Raggiungendo i Tuoi Obiettivi Economici e Personali

Titolo

"MANAGER SI DIVENTA"

Autore

Andrea Cattaneo

Editore

Bruno Editore

Sito internet

http://www.brunoeditore.it

Sommario

Introduzione

Diventare Manager. Una bella ambizione. Il coronamento di una carriera. Sei appena entrato nel mondo del lavoro, oppure ci sei da pochi, o invece, magari, da parecchi anni. Svolgi il tuo lavoro con serietà e competenza; quando ci sono progetti importanti o fasi delicate di crescita aziendale, tu sei sempre disponibile a mettere in campo tutte le tue qualità professionali, la tua passione e il tuo tempo, anche sottraendolo a quello che potresti dedicare a te stesso o alla tua famiglia. Questo modo di vivere ed interpretare il tuo lavoro ti soddisfa e ti riempie di orgoglio.

Però c'è un però: ti sforzi di guardare a cosa fai tu, e cerchi di migliorarti continuamente, però, inevitabilmente, vedi anche il manager, il dirigente, il direttore che c'è sopra di te. **LUI COSA FA?** Te lo domandi tutti i giorni, mentre tu corri a destra e a manca, prendi in carico problemi che "non sarebbero nemmeno tuoi", ti impegni per il bene dell'azienda, per portare risultati concreti, misurabili, tangibili, di valore, mentre LUI sta là, nel suo ufficio con la porta a vetri, seduto alla sua scrivania, riceve persone, ogni tanto è al telefono, fa pause pranzo di ore…

E allora te lo domandi: ma perché è dirigente LUI, che sembra così poco impegnato, e non invece IO che corro, risolvo, produco, non mi fermo mai, ho un'affidabilità elevatissima? Ma poi sarà vero che il mio manager, il mio capo, non fa *niente*?

Domanda legittima, anzi più che legittima per chi lavora in azienda: tutti abbiamo l'ambizione, giustissima, di migliorare la nostra condizione economica, sociale, professionale e personale. Contemporaneamente osserviamo e ci confrontiamo con coloro che questa migliore condizione l'hanno già raggiunta, e ne godono i frutti tutti i giorni.

Allora ti chiedi: **come posso fare per diventare anche io un manager**, anzi un manager di successo, con una posizione sociale e professionale riconosciuta di grande prestigio, sia in Azienda che fuori, con uno stipendio soddisfacente, e poter fare anche io "*niente*" come vedo fare tutti i giorni al mio capo?

Ebbene, in questa guida troverai le risposte alle tue domande.

Sgombriamo però immediatamente il campo dagli equivoci: ti dirò anzitutto che il manager **LAVORA**. Il dettaglio, non di poco conto, è che lo fa in modo **diverso** rispetto agli impiegati e ai suoi collaboratori.

E inoltre, ma soprattutto, ti spiegherò nel modo più pratico come diventare un manager:

- quali sono i meccanismi motivazionali che ti permetteranno di coronare la tua carriera
- come interpretare la vita aziendale e le opportunità che ti si presenteranno nel modo corretto per fare carriera
- come approcciare i problemi e trasformarli realmente in opportunità
- come comunicare con gli altri, compreso il tuo capo (comunque ne avrai sempre uno!).

Anzitutto evidenzio due fondamentali concetti, che a te potranno suonare strani, ma che sono la base fondante delle qualità di ogni vero manager.

- **Primo**: come ti ho detto sopra, un manager DEVE

LAVORARE. E per lavorare deve conoscere molto bene il proprio mestiere dal punto di vista tecnico, ossia deve possedere delle solidissime competenze di base, dette anche **hard skills**.

- **Secondo**, anch'esso fondamentale, principio: "**nessun uomo è un'isola**": il manager deve essere altrettanto capace di costruire rapporti umani produttivi. Cioè deve possedere ottime competenze relazionali, dette anche **soft skills**. Nessuno è in grado o può lavorare da solo, anche se conosce alla perfezione la tecnica del suo mestiere, tanto meno un manager; egli avrà sempre bisogno di una squadra, di un team, che dovrà guidare con competenza e umanità.

Dedicheremo un capitolo intero allo sviluppo di queste due categorie di qualità, approfondendole nel dettaglio. Ma vedrai che il concetto che il manager debba racchiudere in sé tanto qualità tecniche quanto qualità comportamentali ed emotive percorrerà tutto il libro, dall'inizio alla fine. Vedrai sempre affiancate, agli strumenti tecnici generali e specifici che il manager deve saper utilizzare, anche qualità caratteriali, inerenti soprattutto la comunicazione e la capacità di fare squadra: le une senza gli altri non possono esprimersi, e viceversa.

Dunque, questi sono i concetti che vedrai sviluppati in questa guida; se troverai in te stesso questi stessi elementi, e riuscirai a "decodificarli" e a crearti la tua "road map" verso la carriera ed il successo, avrò raggiunto il mio scopo formativo: darti gli strumenti necessari per acquisire un *modus operandi* di successo in azienda, che seguirai con naturalezza e grandi risultati.

E allora, Buona Lettura, e Buona Carriera!

CAPITOLO 1:

Come diventare da Impiegato a Manager: la Motivazione Personale

Te lo dico subito, per chiarire fin dall'inizio il passaggio culturale che devi affrontare: passare da essere impiegato a essere manager significa trasformarti da **ESECUTORE di mansioni a RESPONSABILE di risultati.**

Portando all'estremo questa considerazione possiamo dire che il manager è la figura del dipendente d'azienda che più si avvicina al ruolo dell'imprenditore per come interpreta il suo mestiere: **responsabilità personale e autonomia decisionale** nel perseguimento degli obiettivi. Cos'altro sono, se non le due caratteristiche peculiari che individuano un imprenditore, padrone del suo destino?

SEGRETO n.1: il manager è la figura del dipendente d'azienda che più si avvicina al ruolo dell'imprenditore per come interpreta il suo mestiere: responsabilità e autonomia.

Dunque, il prerequisito che devi soddisfare è quello di avere in ogni cosa che fai uno spirito imprenditoriale; non ti piace "dormire sugli allori", e cerchi nuove sfide, in continuazione. Hai già acquistato questa guida, quindi significa che questi valori fanno già parte del tuo modo di essere e di vivere la tua vita professionale.

La differenza che passa tra un impiegato e un manager si riassume nel fatto che, se da impiegato potevi permetterti di non approfondire le conseguenze di quello che facevi, da manager questo diventerà **il tuo lavoro**.

Deterrai delle responsabilità specifiche su aree aziendali ben definite, ma le tue decisioni comporteranno effetti anche sulle altre aree aziendali; ma non potrai più rispondere con "non lo sapevo" o "non ci ho pensato" a nessun interlocutore. Ogni tua quotidiana azione, nonché ognuna da te autorizzata e compiuta da un tuo collaboratore, porterà indelebilmente impressa la tua virtuale "firma".

SEGRETO n. 2: da manager ogni tua azione quotidiana, così come quelle dei tuoi collaboratori, porterà sempre impressa

indelebilmente la tua virtuale firma.

Forse starai iniziando a domandarti se tutto ciò vale la pena: tutto sommato hai un posto da impiegato, lo stipendio non è malaccio, alla fine dei conti fai il tuo mestiere con calma, quando sei in ferie nessuno ti chiama sul cellulare aziendale, e quando esci dall'ufficio puoi "staccare il cervello". Non te lo nascondo: tutte queste cose, quando diventerai manager, non le avrai più: calma, serenità, tempo libero senza squilli di cellulare o arrivo di e-mail "urgenti" cui rispondere; viceversa, il tuo cervello sarà sempre, più o meno, collegato al tuo lavoro.

Dunque, questa è la prima domanda che devi porti, e cui devi dare una risposta SINCERA; lo devi anzitutto a te stesso, devi avere le idee molto chiare al riguardo. In cambio di prestigio, carriera e stipendio, sono disposto a rinunciare alla tranquillità assoluta che mi garantisce il mio attuale posto da impiegato?

Se la risposta è **NO**, oppure **FORSE**, allora è meglio lasciar perdere. Non c'è niente di peggio che ritrovarsi in una situazione lavorativa impegnativa oltre le nostre aspettative e scoprirsi a pensare "ma chi me lo ha fatto fare…". Significherebbe aver intrapreso un percorso personale e professionale non aderente alla tua visione della vita, ai tuoi veri valori. Evolvere davvero nell'ambito professionale, oltre che in quello personale, significa seguire il percorso che senti più **TUO**, e non seguire per obbligo percorsi che qualcun altro ha pensato o immaginato per te.

Devi essere felice e soddisfatto di quello che stai facendo, prima di tutto per TE STESSO, che per gli altri.

Se invece la risposta alla domanda che ti ho posto sopra è un chiaro e convinto **SI'**, allora significa che sei spinto dalla giusta motivazione e da una grande ambizione personale, e che senti già dentro di te di essere qualcosa di più e di meglio rispetto a quello che sei oggi.

SEGRETO n.3: diventare una manager di successo richiede ambizione personale e grande motivazione; altrimenti potresti trovarti in una situazione professionale che non hai veramente desiderato.

Questo è il bivio fondamentale, che devi chiarire a te stesso; io ho l'ambizione e l'intima motivazione per essere un manager? Nel momento in cui prenderai la direzione del SI', scoprirai già dentro te stesso le **convinzioni motivanti** che ti sapranno indicare la via migliore per raggiungere i tuoi obiettivi. Come sei abituato a fare quando ti dedichi alla tua crescita personale, che coinvolga la sfera privata o professionale, avrai bisogno di una "mappa del tesoro".

Attenzione, questa mappa la elaborerai direttamente tu, strada facendo, e non te la potrà disegnare nessuno. Quelli che ti fornirò io in questa guida saranno però gli strumenti più utili che permetteranno a te di disegnarla a misura della tua vita e delle tue ambizioni.

SEGRETO n.4: ognuno si disegna da sé la sua personale "road map" verso il successo e la carriera; in questa guida io ti darò gli strumenti più utili per disegnare questa mappa nella maniera più chiara e coerente coi tuoi valori.

Il primo strumento che ti ho fornito è proprio questo: **fai chiarezza nella tua mente.** Domandati se sei davvero motivato a diventare manager, e risponditi sinceramente.

Già oggi sei un impiegato modello: esegui i compiti che ti vengono segnati rapidamente e bene, dunque lavorare non ti spaventa.

Ma senti già dentro di te la spinta a fare di meglio, e a prenderti responsabilità in più. Ti vedi già seduto ad una importante scrivania, a prendere rilevanti decisioni e ad essere considerato autorevole in azienda dai tuoi collaboratori e dai tuoi colleghi del *board* direzionale.

Allora direi proprio che sei a un buon punto: hai già chiaro il tuo obiettivo!

SEGRETO n.5: puoi raggiungere il tuo obiettivo di crescita personale e professionale solo se lo hai già chiaramente in testa. Sai da dove stai partendo e sai dove arriverai: ti manca solo di disegnare la strada.

RIEPILOGO DEL GIORNO 1:

SEGRETO n.1: il manager è la figura del dipendente d'azienda che più si avvicina al ruolo dell'imprenditore per come interpreta il suo mestiere: responsabilità e autonomia.

SEGRETO n. 2: da manager ogni tua azione quotidiana, così come quelle dei tuoi collaboratori, porterà sempre impressa indelebilmente la tua virtuale firma.

SEGRETO n.3: diventare una manager di successo richiede ambizione personale e grande motivazione; altrimenti potresti trovarti in una situazione professionale che non hai veramente desiderato.

SEGRETO n.4: ognuno si disegna da sé la sua personale "road map" verso il successo e la carriera; in questa guida io ti darò gli strumenti più utili per disegnare questa mappa nella maniera più chiara e coerente coi tuoi valori.

SEGRETO n.5: puoi raggiungere il tuo obiettivo di crescita personale e professionale solo se lo hai già chiaramente in testa. Sai da dove stai partendo e sai dove arriverai: ti manca solo di disegnare la strada.

CAPITOLO 2:
Come svolgere al meglio il ruolo del
Manager in azienda

Nel Capitolo 1 abbiamo affrontato il tema di come chiarire e trovare dentro te stesso le convinzioni motivanti che ti spingono a fare carriera e diventare un manager di successo. Hai capito, interrogandoti a fondo, che la tua ambizione è forte e che ti prefiguri già il tuo obiettivo. Significa che hai già mosso il primo passo nella direzione del miglioramento della tua carriera.

Da questo capitolo in poi vedremo i **passi concreti** che devi realizzare e gli strumenti che devi utilizzare per disegnare il tuo percorso di crescita. Il primo strumento che devi imparare ad adoperare per diventare manager coincide con una capacità generale della persona, ossia con quella di concretizzare, o **rendere visibili e tangibili concetti astratti**.

È la prima caratteristica di un manager: in quanto responsabile di risultati, il manager non riceverà esplicitamente compiti **da svolgere**, ma indicazioni di linee-guida dal suo capo (che può essere il Presidente o l'Amministratore Delegato dell'Azienda). Sarai poi tu, come manager, che dovrai tradurre queste, spesso vaghe, indicazioni dal vertice aziendale in concrete e chiare azioni da compiere per conseguire gli obiettivi che esplicitamente o implicitamente vengono espressi.

In altre parole, la prima qualità che un manager deve mettere in pratica, e che lo differenzia dal semplice impiegato, è la capacità di concretizzare concetti astratti in azioni reali. Le dovrà in parte svolgere personalmente e in (gran) parte delegare ai suoi collaboratori, finalizzandole al raggiungimento di uno o più obiettivi. Come vedi, una grande differenza rispetto al ricevere istruzioni precise su cosa (e spesso anche su come) fare, che accadeva al semplice impiegato.

SEGRETO n.1: la prima qualità che un manager deve mettere in pratica è la capacità di concretizzare concetti astratti in azioni reali.

L'Azienda come Sistema Complesso composta da sotto-sistemi complessi

Per comprendere meglio e decifrare correttamente quello che ti sto descrivendo come il ruolo del manager in Azienda, occorre disegnare il contesto interno dell'Azienda stessa. Non intendo addentrarmi nella descrizione della specifica area di attività di un'impresa, ma voglio mettere in evidenza la natura dell'Azienda, come **complesso di risorse**

- tecnologiche
- umane
- finanziarie
- di immagine
- reputazionali

che permettono all'Azienda stessa di funzionare, e dunque di generare profitti e benessere.

In questa ottica, nelle aziende moderne i responsabili di specifiche aree funzionali devono saper gestire realtà diverse, ma che hanno tutte una caratteristica in comune: si tratta di cosiddetti **Sistemi Complessi**.

Le aziende si strutturano in svariate unità e funzioni, le quali hanno ciascuna delle regole interne e dei legami con le altre unità aziendali, oltre che con il mondo esterno all'impresa. Cioè le aziende sono costituite da diversi Sistemi Complessi (o meglio, Sotto-sistemi Complessi), che a loro volta sono strettamente interdipendenti tra di loro, costituendo l'Azienda nella sua globalità come Sistema Complesso.

SEGRETO n.2: occorre considerare le aziende come un insieme di Sistemi Complessi, la cui gestione e la cui interazione reciproca è il compito del manager.

Per Sistema Complesso (Azienda globale o sua sotto-funzione) si intende un sistema, costituito dagli asset aziendali (quelli ricordati sopra: personale, tecnologia, denaro, organizzazione, reputazione) che trasforma degli input in output. Le dinamiche nei Sistemi Complessi non sono lineari ma circolari, per cui ogni azione produce una reazione che può a sua volta generare una modifica alle condizioni dell'azione originaria, cui seguirà un'altra reazione, e così via. Mi perdonerai per una definizione così "ingegneristica", del resto è la mia formazione accademica, ma è l'effetto, che si può osservare tutti i giorni. Decisioni (cioè azioni) assunte a partire da uno stato iniziale, le quali modificano indirettamente le condizioni al contorno, che inducono successivamente a differenti valutazioni. La complessità del sistema sta appunto nel saper comprendere e governare questi effetti "circolari" o di "feedback".

Come elencare i possibili Sistemi Complessi (S.C.) presenti in azienda? Per farlo è sufficiente analizzare la catena del valore di un'azienda, ossia schematizzare **i processi** che permettono all'azienda di trasformare un input in un output di maggior costo, di venderlo sul mercato ad un prezzo maggiore di tale differenza (valore aggiunto), e quindi di creare utile per l'impresa.

Normalmente i processi aziendali che permettono di creare valore e cederlo al mercato generando utili fluiscono attraverso un percorso aziendale che si può sinteticamente riassumere nel modo seguente (l'acronimo **SC** starà per Sistema Complesso):

- **Ricerca e sviluppo**: SC per l'ideazione di un nuovo prodotto, a partire da un'idea (interazione con SC Marketing) e sviluppando ipotesi tecnologiche e di fattibilità

- **Industrializzazione**: SC incaricato di elaborare pratiche e tecniche realizzative e di valutare l'adeguatezza delle risorse produttive interne; prototipazione e ingegnerizzazione della produzione (interazione con SC Produzione)

- **Commercializzazione**: SC costituito frequentemente da Commerciale e Marketing, delegato alla elaborazione di previsioni di vendita, piani pubblicitari e consuntivazione delle redemptions pubblicitarie; pricing dei prodotti, in funzione anche dei costi di produzione e distribuzione (interazione con SC Produzione e Distribuzione)

- **Produzione**: SC costituito da Approvvigionamenti e Fabbricazione, che realizza fisicamente il prodotto secondo le distinte-base e con i componenti base forniti dagli approvvigionamenti (interazione con SC Industrializzazione)

- **Vendita**: SC che si esplica nell'azione della forza-vendita, esterna e interna all'azienda, secondo le politiche commerciali decise dal SC Commercializzazione, e sulla base della disponibilità dei prodotti e della loro presenza fisica sul mercato (interazione con SC Produzione e Distribuzione)

- **Distribuzione**: SC che si occupa della gestione degli stock delle merci e della consegna al mercato dei prodotti venduti o da vendere, sulla base degli ordinativi (interazione con SC Vendita) e delle quantità prodotte a stock (interazione con SC Produzione).

- **Amministrazione**: SC che gestisce la contabilità generale e analitica aziendale, distinta in Contabilità Fornitori e Contabilità Clienti, e che sintetizza gli *economics* di tutte le funzioni aziendali citate, elaborando il bilancio e rendendo ragione del valore aggiunto dell'impresa in termini di costi, ricavi e utili di impresa (interazione con tutti gli altri SC dell'azienda)

SEGRETO n.3: i Sistemi Complessi interni a un'azienda sono individuabili con le tappe del processo di creazione del valore interno all'azienda.

Ognuna di queste fasi aziendali, o Sistemi Complessi, è generalmente guidata da un diverso manager.

Ognuno di questi manager ha la responsabilità diretta dei risultati sulla sua parte di business, ma deve anche curare il coordinamento e l'impatto della sua "fase di creazione del valore" con tutte le altre fasi aziendali, soprattutto con quelle confinanti. Nel breve elenco qui sopra ti ho mostrato in maniera molto schematica quanti e quali **interazioni bidirezionali** ci possano essere tra i vari Sistemi Complessi che costituiscono il processo di creazione del valore in azienda.

In questo senso, se ogni fase aziendale è già considerabile di per sé come un Sistema Complesso, a maggior ragione l'azienda è da considerarsi tale, anzi un **Sistema Complesso più ampio.** Esso è costituito dall'**habitat aziendale** che ha come obiettivo quello di creare valore, per l'azienda e tutti i cosiddetti *stakeholders*, ossia i **"portatori di interesse"** nei confronti dell'azienda.

Abbiamo ampliato ulteriormente il campo di analisi: l'azienda risulta quindi essere una entità che si inserisce in un contesto più ampio, chiamato spesso col termine generico di "**Mercato**" anch'esso considerabile come un Sistema Complesso, costituito dai portatori di interesse nei confronti della società, a cui il manager dovrà sempre pensare nella sua gestione quotidiana.

I portatori di interesse da considerare nella gestione da parte di un manager sono sia quelli **interni** che quelli **esterni** alla azienda:

- dipendenti
- fornitori
- clienti
- azionisti
- associazioni di categoria
- enti pubblici o privati

A tutti questi, e alle azioni e reazioni di essi, il buon manager deve sempre pensare quando intraprende un'azione, un progetto, o assume una decisione. Ad esso, infatti, è richiesto di saper governare, per quanto gli attiene, il suo Sistema Complesso su tre livelli:

- Sistema Complesso dell'Area di competenza specifica
- Sistema Complesso dell'habitat aziendale

- Sistema complesso costituito da tutti gli stakeholders dell'azienda.

SEGRETO n.4: nella sua gestione quotidiana il manager deve lavorare per portare valore a tutti e tre i livelli di interesse: la propria area funzionale, l'azienda nel suo insieme e gli *stakeholders* esterni all'azienda.

Diventa quindi chiaro come le azioni quotidiane e le decisioni, per le quali si abbia tanto o poco tempo per pensare, debbano sempre essere ben ponderate, anche in mancanza di dati oggettivi.
Quello che si chiede al buon manager, infatti, è proprio di prendere le **decisioni giuste**.

Attenzione, perché per "decisioni" non si devono intendere solo le decisioni con la "D" maiuscola, ma tutte quelle piccole e medie decisioni operative e tattiche che ogni giorno il manager è chiamato ad assumere.

Il ruolo del manager in azienda, infatti, è quello di perseguire i risultati aziendali con la costante e regolare assunzione di

decisioni a tre diversi livelli:

- **strategico**
- **tattico**
- **operativo**

che tengano in conto le implicazioni ai diversi ambienti di interesse di cui abbiamo parlato sopra.

Non sempre, anzi molto raramente (per fortuna…) occorre prendere decisioni **strategiche**, perché esse, in un'azienda ben gestita, vengono ponderate ed assunte in precisi momenti di riunione di tutto il Board Direzionale. Molto più spesso si assumeranno invece le decisioni **tattiche**, e quotidianamente, anzi anche più volte al giorno, si assumeranno quelle **operative**.

Possiamo meglio definire i tre livelli decisionali a cui sarai chiamato nel ruolo di manager definendone **tempi e ampiezza**:

- **livello strategico**: orizzonte temporale di medio - lungo periodo (fino a cinque anni), con conseguenze a livello di vita dell'azienda, sua macro-organizzazione, presenza sul mercato, competitività.

- **livello tattico**: orizzonte temporale di breve - medio periodo, inerente l'ottimizzazione (o ingegnerizzazione per processi tecnici) di processi aziendali, finalizzata a conseguire miglioramenti strutturali nel funzionamento dell'impresa, così come funziona già oggi.

- **livello operativo**: orizzonte temporale immediato o di breve periodo, riguardante la risoluzione di criticità del momento o implementazione delle decisioni tattiche, tramite il chiarimento dei dettagli "sul campo".

Il tratto unificante di tutti e tre i livelli di decisione è quello di perseguire, a tutti e tre i livelli, i medesimi obiettivi. La differenza sta nel peso di ogni singola decisione, e nella loro numerosità.

A questo punto ti svelo un segreto: la riuscita delle direttive strategiche, che seguono da decisioni strategiche, dipende dalla riuscita delle azioni tattiche, che derivano dalle decisioni tattiche, la cui riuscita dipende a sua volta da quella delle azioni operative, che vengono assunte in grande quantità tutti i giorni, che sono quindi la **base pratica** su cui si fonda il raggiungimento degli obiettivi.

SEGRETO n.5: il ruolo del manager in azienda è di perseguire i risultati aziendali con la costante e regolare assunzione di decisioni coerenti a livello strategico, tattico e operativo, nel rispetto dei tre livelli di interesse (specifico, di azienda e di stakeholders).

Ti ho quindi spiegato finora come interpretare il tuo futuro lavoro da manager, ossia come svolgere correttamente il tuo ruolo.

Sei un **decisore**, che deve assumere le decisioni operative, tattiche e strategiche, perseguendo sempre, anche al livello inferiore, gli obiettivi aziendali. Tradurrai le indicazioni generiche del Consiglio di Amministrazione in azioni concrete, che dovranno sempre massimizzare il valore aggiunto per la tua funzione aziendale, per l'azienda nel suo complesso e per tutti gli stakeholder aziendali esterni. Facile, vero? In realtà no, ma se lo fosse le aziende sarebbero strapiene di buoni manager, cosa che in realtà ho visto di rado.

Ma ora sorge spontanea la **domanda successiva**: una volta che ho ben compreso la complessità e i differenti livelli decisionali e di interesse che devo salvaguardare nel mio lavoro quotidiano, quali sono gli strumenti che io, da buon manager, devo saper utilizzare per prendere queste decisioni nella direzione delle linee guida aziendali, rispettando anche i vincoli di cui ti ho parlato qui sopra? Ne parleremo nel prossimo capitolo, ma qui ti anticipo che questi strumenti sono costituiti da **due tipi di competenze**, o *skills*:

- le competenze tecniche, o Hard Skills
- le competenze relazionali, o Soft Skills

RIEPILOGO DEL GIORNO 2:

SEGRETO n.1: la prima qualità che un manager deve mettere in pratica è la capacità di concretizzare concetti astratti in azioni reali.

SEGRETO n.2: occorre considerare le aziende come un insieme di Sistemi Complessi, la cui gestione e la cui interazione reciproca è il compito del manager.

SEGRETO n.3: Sistemi Complessi interni a un'azienda sono individuabili con le tappe del processo di creazione del valore interno all'azienda.

SEGRETO n.4: nella sua gestione quotidiana il manager deve lavorare per portare valore a tutti e tre i livelli di interesse: la propria area funzionale, l'azienda nel suo insieme e gli *stakeholders* esterni all'azienda.

SEGRETO n.5: il ruolo del manager in azienda è di perseguire i risultati aziendali con la costante e regolare assunzione di decisioni coerenti a livello strategico, tattico e operativo, nel rispetto dei tre livelli di interesse (specifico, di azienda e di stakeholders).

CAPITOLO 3:

Come selezionare le Competenze Utili tra Hard Skills e Soft Skills

Nel capitolo precedente ho anticipato qual è la base formativa che permette al buon manager di assumere le giuste decisioni e gestire la propria struttura aziendale nel modo migliore, in corretta collaborazione con tutti gli attori interni ed esterni all'azienda. Essa è costituita da due grandi gruppi di competenze, entrambe ugualmente fondamentali per il successo del manager.

Inoltre hai già capito che le decisioni che esso deve assumere possono posizionarsi su tre differenti livelli: strategico, tattico e operativo. Dunque emerge la grande complessità, così come la necessità di avere gli **strumenti** che portino alle giuste decisioni.

Ma come assumere correttamente, nel concreto, queste decisioni?

Attraverso l'utilizzo, appunto, di Hard Skills e Soft Skills.

SEGRETO n.1: assumere le giuste decisioni richiede di possedere tanto le Hard Skills quanto le Soft Skills, che hanno

pari importanza nel bagaglio professionale del manager.

In realtà, fino a qualche decennio fa, quando prevaleva ancora una visione più "**meccanicistica**" delle aziende, e meno relazionale e basata sul concetto di rete di rapporti, in letteratura veniva posta maggiore enfasi sulla competenza tecnica dei manager, ossia su quelle oggi definite Hard Skills. Le capacità di trovare soluzioni tecniche, di valutare i costi, di applicare regole di business condivise.

In seguito, con lo svilupparsi dello studio delle aziende come "organismi sociali" oltre che come ambienti di progettazione e produzione, si è compreso che occorreva mettere in evidenza anche tutte le componenti **relazionali** interne ad un'impresa, e che i manager devono essere in grado di governare anche questi aspetti.

Ma vediamo più nel concreto cosa sono precisamente le Hard Skills e le Soft Skills. Non dimentichiamo che questa Guida ti sta fornendo gli strumenti pratici per disegnare la tua strada verso una carriera importante: mai perdere di vista la concretezza che si richiede ad uno strumento, per essere efficace.

Le Hard Skills

Come tali si definiscono in generale quelle competenze di prevalente aspetto tecnico (ma non solo) che il manager deve conoscere, maneggiare e gestire quotidianamente in modo quasi automatico, o comunque molto naturale. Comprendono:

- le **competenze tecniche specifiche** del campo di azione del manager (per esempio Vendite, Acquisti, Amministrazione e Finanza, Produzione, R&S, Logistica)

- le **competenze tecniche generali** legate al funzionamento dell'azienda, cioè la conoscenza dei meccanismi di creazione del valore della specifica impresa.

Nel primo tipo sono incluse per esempio la conoscenza dettagliata di un procedimento di produzione di fabbrica, oppure la conoscenza approfondita del sistema informatico per la gestione degli ordini, o ancora le tecniche di formulazione per un nuovo prodotto, o le procedure legate alla evasione e spedizione degli ordini. In sostanza, per dare una definizione esaustiva, si intendono come tali quelle competenze che permettono la conoscenza **specifica del proprio processo** aziendale, corredata da quella delle **relazioni inter-funzionali**, per esempio il legame tra sviluppo di nuovi prodotti e vendite, oppure tra campagne di marketing e logistica, e così via.

Le competenze tecniche rappresentano il "cuore" delle Hard Skills del manager, e sono il risultato di due differenti componenti formative:

- **la formazione scolastica e universitaria** acquisita nel corso degli anni di formazione tradizionale, che fornisce la base metodologica e le conoscenze fondamentali delle differenti materie di studio e di lavoro.
- **la formazione "on the job"**, o per meglio dire, il valore dell'esperienza.

Entrambe queste componenti formative sono basilari per la costituzione di una solida base di Hard Skills del manager. È dunque importante tanto la formazione scolastica e accademica che una persona ha ricevuto, quanto l'applicazione di questi concetti teorici durante la sua esperienza di lavoro in azienda. Negli ultimi tempi, anzi, in alcuni tipi di realtà molto dinamiche, si è compreso che spesso la formazione sul campo, dunque il valore dell'esperienza, è a volte addirittura più efficace della formazione accademica, anche per l'impostazione molto teorica che le Università italiane spesso conferiscono ai loro corsi di studio. Dunque **non è assolutamente necessario essere laureati** per diventare dei buoni manager. E te lo dice una persona che ha investito 6 anni della sua vita per conseguire una laurea in Ingegneria.

Relativamente al tema del valore dell'esperienza, le esperienze lavorative di una persona possono essere mono-azienda, oppure pluri-azienda. Nel primo caso si tratta di persone che hanno trascorso tutta la loro vita professionale nella medesima azienda, mentre nel secondo caso - per la verità più raro nel nostro Paese - avremo persone che hanno lavorato in svariate aziende, magari anche in differenti campi.

In entrambe le situazioni, comunque, l'esperienza giocherà un ruolo fondamentale nella costruzione delle competenze tecniche, e porterà il suo valore aggiunto alle Hard Skills della persona in maniera diversa ma complementare.

Una persona che abbia sviluppato tutta la propria carriera in una sola azienda conoscerà in maniera molto approfondita l'impresa, quel business e i meccanismi che lo regolano. Si può definire tale tipo come conoscenza "**verticale**".

Viceversa, una persona che abbia avuto l'opportunità di cambiare spesso lavoro, avrà una visione più ampia di differenti "habitat" aziendali, su differenti tipi di mercati e di attività, ma magari tale conoscenza sarà meno approfondita rispetto alle peculiarità dell'azienda stessa, ma più ampia dal punto di vista degli orizzonti visitati, e dunque, per converso, più "**orizzontale**".

Non do ovviamente un giudizio su quale delle due tipologie di esperienza sia la migliore, perché non è questo il punto. Il fattore fondamentale è che, in entrambi i casi, la persona che intende approfondire le conoscenze tecniche per fare carriera sia animata da spirito di curiosità e apertura mentale.

SEGRETO n.2: le Hard Skills si sviluppano con la tradizionale formazione scolastica e accademica, e con l'esperienza di lavoro, che può essere "verticale" o

"orizzontale".

La competenza tecnica fine a sé stessa però non è utile al manager, e neppure all'azienda. Devi sempre tenere a mente che tutto ciò che un manager detiene in termini di capacità e conoscenze personali è utile soltanto nel momento in cui viene messo a frutto per il raggiungimento degli obiettivi. L'azienda non è un'entità accademica che incrementa il suo prestigio annoverando tra i suoi professori i migliori esperti di ogni settore; l'azienda è un'entità a scopo di lucro che deve ottenere un vantaggio economico dall'utilizzo delle sue risorse umane, **inclusi i manager**.

Dunque il miglior uso che il manager potrà e dovrà fare delle sue competenze tecniche risiede nella **capacità di individuare e analizzare i punti di inefficienza o di miglioramento** della propria funzione, elaborando di conseguenza dei modi di risolvere i problemi o di perseguire il miglioramento continuo dei processi.

I punti di miglioramento, anzi per meglio dire la loro individuazione e il lancio di progetti per il loro conseguimento, sono la concretizzazione delle capacità tecniche del manager, che attraverso di esse deve essere in grado di progettare nuovi processi e di misurarne gli impatti.

Oltre alle caratteristiche di competenza specifica, infine, il manager moderno deve avere sempre consapevolezza dei cosiddetti *economics*, ossia dei parametri e dei driver economici legati alla sua attività.

La conoscenza della parte economica del proprio lavoro è sempre una qualità fondamentale, anche quando non sarebbe esplicitamente richiesta al manager. Abbiamo detto infatti nelle pagine precedenti che un'Azienda, e il manager di ciò deve tenere sempre conto, è una organizzazione di risorse di varia natura finalizzata a generare degli utili. Ciascun manager, di qualunque materia si occupi, si troverà ad influenzare, direttamente o indirettamente, i costi e/o i ricavi dell'Azienda in cui opera. Inciderà quindi, in ultima analisi, in maniera più o meno diretta e più o meno apprezzabile sul risultato economico dell'esercizio.

Nelle aziende si tende naturalmente a delegare l'incombenza

dell'analisi di questi parametri economici all'ufficio Amministrazione e Finanza, affidando di fatto la comprensione degli indicatori economici specifici di una fase o processo aziendale ad una unità prettamente contabile. In realtà il manager che voglia guidare con successo la sua area di competenza aziendale dovrà sempre essere certo dei dati economici ad essa collegati, e di come e quanto essi vengano modificati e influenzati dalle sue decisioni.

Si tratta di un ulteriore esempio di come il manager di successo debba essere in grado di confrontarsi su svariati argomenti con differenti attori della gestione aziendale, comprendendo sempre a fondo i meccanismi di interrelazione tra di essi.

SEGRETO n.3: le competenze tecniche da sole non bastano: il manager deve essere in grado di metterle al servizio del processo di miglioramento continuo, quindi deve calarle sulla realtà tecnica ed economica della sua area di attività.

In ogni caso, tieni sempre presente il seguente principio: la competenza tecnica è il presupposto necessario per fare carriera.

Ogni decisione o lancio di un progetto non può prescindere dalla conoscenza approfondita di ciò che si sta per fare.

Le Soft Skills

Abbiamo già detto in precedenza che un'azienda, per quanto poco strutturata e semplice possa essere, si può rappresentare sempre come una rete di persone tra le quali esistono delle relazioni. In ogni azienda i risultati si conseguono con un lavoro di gruppo.

Per Soft Skills si intendono allora quelle competenze di tipo **caratteriale** ed **emotivo** che il manager deve possedere e che emergono dalla necessità di **gestire persone e risorse** in situazioni complesse.

Esse si possono definire come il complesso di caratteristiche della persona che permettono di gestire in maniera naturale situazioni di elevata complessità e pressione senza cadere vittima delle situazioni di stress, e di rapportarsi con colleghi e collaboratori nel modo migliore e più proficuo per il raggiungimento degli obiettivi aziendali.

SEGRETO n.4: le Soft Skills rappresentano il complesso di

qualità caratteriali ed emotive con le quali il manager deve essere in grado di gestire i rapporti con le altre persone in modo proficuo e funzionale al raggiungimento degli obiettivi aziendali

Il carattere

Ebbene sì, il carattere di una persona che ricopre un ruolo da manager è un elemento fondamentale. Come ho già detto in precedenza, il manager di successo deve possedere elementi caratteriali che lo assimilino quasi a quelli di un imprenditore. Gusto della sfida, ottimismo, assertività, proattività, inclinazione verso l'assunzione di rischi, ma anche umiltà di saper comprendere i propri limiti, per superarli, rappresentano elementi caratteriali che solitamente contraddistinguono l'imprenditore. Ebbene, il manager di successo deve essere capace di vedere se stesso come imprenditore nell'area di sua competenza, dunque deve saper interpretare il suo ruolo e il suo mestiere come quello di un imprenditore. Deve fare scelte e deve ottenere risultati.

Il lato caratteriale permette al manager di creare un rapporto di fiducia con le persone che guida, di essere visto come la guida che segna la via e a cui rivolgersi in caso di necessità. Questa qualità del manager dipende dal modo che esso ha di rapportarsi con i collaboratori e con i colleghi.

Il modo di rapportarsi

Il manager, per definizione, avrà una struttura di persone alle sue dipendenze, i collaboratori diretti e indiretti, con cui dovrà costantemente rapportarsi.

Per fare ciò deve essere in grado di capire e comprendere le persone che lavorano con lui e per lui, essere in grado di coglierne le peculiarità caratteriali e saperne "sfruttare" le caratteristiche, nell'accezione positiva del termine, per raggiungere gli obiettivi aziendali.

Dovrà quindi adattare il suo modo di rapportarsi a seconda della persona con cui sta parlando, sapendo riconoscere se occorre utilizzare un registro comunicativo di un tipo piuttosto che di un altro.

Ciò significa che il manager deve essere in grado di trattare tutte le persone con cui lavora in modo assolutamente personale, evitando una deleteria e spersonalizzante omologazione dei rapporti. Deve evitare di generare l'impressione nell'interlocutore di essere soltanto "un numero tra tanti numeri". Certamente un approccio personale di questo tipo nella gestione dei rapporti coi collaboratori è **molto impegnativo**, soprattutto nel caso in cui le persone alle proprie dipendenze siano tante. Ma occorre che ricordi sempre che **la risorsa più preziosa** per un manager, come per l'azienda, **sono le sue persone**. Vale dunque la pena di investire per esse, sviluppando la capacità di instaurare rapporti personali e proficui con ognuna di esse.

Gli stili di leadership

Nel rapportarsi con le persone, abbiamo detto, occorre adattarsi alla personalità di ciascuno, instaurando con esso un rapporto personale non omologato. Non dimenticare però che tu resti il capo dei tuoi collaboratori. Deriva quindi che, con ognuna delle tue persone, dovrai adottare, rispetto alla sua personalità, differenti modi di esercitare la **tua leadership**.

Esistono tre differenti stili di leadership, che possono essere utilizzati in base della persona con cui interloquisci, ed anche con la medesima persona a seconda del momento in cui ti stai rapportando con essa. Li vediamo nel dettaglio.

Stile di leadership autoritario

È il tipo di leadership che spesso viene, erroneamente, inteso come l'unico che deve adottare il capo. Prevede che le direttive verso i collaboratori e in generale i rapporti con essi siano costantemente improntati al concetto "il capo sono io e devi fare quello che ti dico".

Questo tipo di stile di leadership, molto usato nel passato, tende con il tempo a **demotivare** e soprattutto a **deresponsabilizzare** i propri collaboratori, in quanto essi tenderanno a convincersi che qualsiasi loro idea o proposta sia inutile, in quanto tu sei il capo e non ascolti nessuno. Il rischio che il manager corre adottando questo stile è quindi quello di "rimanere solo", ossia di **non riuscire a fare squadra** coi propri collaboratori, e in ultima analisi di non poter contare su un loro contributo attivo e propositivo nella gestione delle attività.

Beninteso, questo tipo di approccio, magari in casi di criticità o di emergenza in cui occorre una reazione rapida e decisa a situazioni improvvise, può essere l'unico applicabile per ottenere il risultato necessario. Limitarne però l'uso a questi casi specifici è consigliabile, per trasmettere ai propri collaboratori il corretto messaggio che si tratta di situazioni eccezionali, temporanee, a cui poi seguiranno spiegazioni più dettagliate e un momento di condivisione del "da farsi".

Stile di leadership paternalistico

Questo tipo di approccio, che possiamo con un neologismo anche definire "buonista", è definito in questo modo per esemplificare un atteggiamento di benevolenza indiscriminata verso i propri collaboratori, indipendentemente dai loro comportamenti e dai loro risultati. È l'eccesso contrario rispetto allo stile autoritario, e comporta, nel lungo periodo, la **perdita di controllo** sulle proprie persone, a causa di una loro eccessiva, non controllata, autonomia. Poiché invece la responsabilità di qualsiasi decisione resta sempre in capo al manager, anche per le azioni e i comportamenti delle persone che collaborano con lui, il rischio legato all'utilizzo di questo stile di leadership è evidente: si rischia di assumersi responsabilità su persone e azioni di cui si è completamente perso il controllo. Concludendo, si può dire che si tratta di uno stile di comando decisamente "comodo", in quanto tende ad evitare tensioni e conflitti nell'immediato e nel breve periodo, ma se ne paga dazio nel tempo.

Stile di leadership autorevole

Questi tipo di impostazione, lo dico subito, è la più proficua ma anche la più impegnativa. Questo approccio richiede che i rapporti coi collaboratori siano improntanti alla **stima reciproca**, nell'ambito della quale il manager discute con essi, analizza le loro osservazioni e i loro suggerimenti. Inoltre fornisce tutti i dati per elaborare al meglio le idee, cerca una sintesi tra di essi, e infine si assume in prima persona la responsabilità di fronte ad essi e di fronte all'azienda della decisione assunta.

In questo caso il manager assume inizialmente una posizione di docente davanti ai discenti (i suoi collaboratori), insegnando loro in un rapporto quasi formativo strumenti, idee e metodi per interpretare i fenomeni e trarne delle sintesi. In un secondo momento, sempre nell'ambito di un rapporto di reciproca stima, discuterà con loro la migliore soluzione, ma partendo dalla posizione privilegiata di essere colui che ha insegnato il metodo.

Questo approccio porta i frutti migliori in termini di

partecipazione e **collaborazione attiva**, e di costruzione di una squadra affiatata, dopo una prima fase di guida da parte del manager. Richiede che i rapporti con le persone vengano affrontati con molta serietà e profondità; i frutti arriveranno con il tempo.

Emerge chiaramente come la situazione possa essere più complessa di quanto sembri in apparenza. Non esiste quindi un modo unico e "giusto" di rapportarsi con colleghi e collaboratori, ma esso varia come detto a seconda della persona con cui si sta lavorando, a seconda della situazione in cui si sta interagendo, e anche del momento in cui si sta interloquendo con quella persona. Non c'è un approccio migliore e uno peggiore, come hai visto da tutti i "pro" e i "contro" che ho elencato qui sopra.

Ti starai domandando forse per quale motivo, dato che tu sei "il capo", ti devi adeguare alle altre persone e non lo debbano invece fare loro nei tuoi confronti. Ancora una volta, la corretta chiave di lettura sta nel comprendere che cosa sia più **funzionale al raggiungimento degli obiettivi**. Se rapportarsi nel modo più flessibile ed efficace possibile con ognuno dei tuoi collaboratori ha l'effetto di ridurre le conflittualità, fare squadra, e risolvere brillantemente problemi o criticità, questo è l'unico fine che ti interessa, e dunque sarà la strada da percorrere.

SEGRETO n.5: i tre stili di leadership Autoritario, Paternalistico e Autorevole hanno tutti pro e contro: possono essere usati in maniera flessibile a seconda della persona e del momento.

La gestione dello stress

Per gestione dello stress occorre chiarire che intendo sia la gestione del TUO stress che la gestione dello stress degli ALTRI. Aumentare il tuo livello di stress è una cosa che hai accettato quando hai deciso di voler diventare un manager di successo. Tra le convinzioni motivanti della tua scelta c'era anche il fatto di dimostrare a te stesso di saper reggere anche in situazioni di stress elevato, ed ottenere risultati senza mai perdere la lucidità.

Ma come fare per "abbassare la pressione" e riportare lo stress a livelli di **stress positivo**, cioè produttivo, partendo da una situazione di **stress negativo**?

Ritagliarsi **momenti di riflessione** in cui valutare cosa si sta facendo e come lo si sta facendo permette di ridimensionare le sensazioni di stress e rimettere in sequenza le priorità da affrontare.

Lo stress si riduce **chiarendo le priorità** e mettendole in sequenza sulla strada del raggiungimento degli obiettivi tuoi e dell'Azienda. Chiarire a te stesso una scala delle priorità ti permette di non essere disturbato (dunque stressato) da cose non urgenti e non importanti, e dunque di poterti concentrare sulle cose **importanti e non urgenti**, che sono l'essenza della capacità gestionale di un buon manager.

Passando ad analizzare lo stress degli altri, lo stress dei tuoi collaboratori deve sempre essere presente. Mi spiego meglio: i collaboratori non devono trovarsi in una condizione di relax, in quanto la tensione al risultato porta tutta la struttura organizzativa a migliorare se stessa e raggiungere gli obiettivi, mentre una condizione di relax toglie questa spinta all'obiettivo. Le persone devono cioè sempre trovarsi al di fuori della loro **zona di confort**, o *comfort zone*.

Stiamo evidentemente parlando di mantenere sempre i collaboratori in una situazione di **stress positivo**, ossia nella quale lo stimolo al cambiamento e al miglioramento non supera determinati limiti; ovviamente, ogni persona ha un diverso livello di questo limite, e, indovina un po', spetta proprio a te misurarlo!

Lo stress positivo, causato dall'uscita delle persone dalla loro zona di confort, permette loro di porsi domande e dunque, dandosi risposte a domande del tipo "come posso fare meglio ciò che faccio?", migliorare le prestazioni dell'ufficio o del reparto.
Devi essere in grado di capire quando ognuno dei tuoi collaboratori sta raggiungendo livelli di stress che superano il limite dello stress positivo. Il rischio è di entrare in una situazione di stress negativo, in cui viceversa le performance diminuiscono; occorre allora agire di conseguenza, magari attraverso un piccolo *assesment* personale, per riportare la situazione sotto controllo.

SEGRETO n.6: tu e i tuoi collaboratori dovete sempre restare in situazione di stress positivo, cioè proficuo, senza mai superare il livello limite che comporta stress negativo, che causa una diminuzione delle performance.

La capacità di entrare in sintonia coi collaboratori, comprendendone anche gli stati di stress è oggetto del capitolo successivo.

Tratteremo nel seguito della grande utilità di instaurare con essi un rapporto empatico, con un forte feeling sui risultati e sui modi di raggiungerli. Questa è la vera base delle grandi squadre.

Una importante Soft Skill: la capacità di comunicare i risultati

Hai intrapreso una carriera impegnativa, ti sei dato un obiettivo importante, ti impegni quotidianamente nel lavoro di manager con passione e seguendo tutti gli impegnativi consigli che hai letto in questa guida, **per un tuo vantaggio**.

Non c'è nulla di male in questo, anzi, l'ambizione personale dei dipendenti è la molla che, attraverso i meccanismi di premiazione e di carriera, permette alle aziende di migliorare sé stesse, la qualità del proprio personale e quindi la propria competitività. Ora che sei un manager e che lavori in maniera professionale e raggiungi gli obiettivi aziendali con efficacia ed efficienza, **ti**

spetta un premio.

Per ottenere questi benefits per te stesso, occorre che tu sia capace di comunicare i risultati al tuo capo, e che sia direttamente lui a ritenerti meritevole di un premio. Ma come?

MBO: il Management By Objectives

Come fare per quantificare degli obiettivi aziendali, raggiunti i quali tu debba pretendere un premio per te stesso? La cosa da fare è **mettere per iscritto** gli accordi con l'Amministratore Delegato o con l'imprenditore relativi agli incentivi.

Esiste uno strumento, o per meglio definirlo, un **metodo di lavoro**, che, se ben congegnato ed utilizzato, permette di rendere incontrovertibile l'erogazione di premi o aumenti a seguito del raggiungimento di risultati definiti in precedenza: si chiama **MBO**, acronimo di Management By Objectives, ossia Gestione per Obiettivi.

Questo metodo di lavoro richiede di avere chiare due cose, che vedremo tra poco, e di metterle per iscritto all'inizio di un periodo di misura, che solitamente coincide con l'anno di esercizio dell'azienda. La stesura degli obiettivi deve essere fatta a quattro mani, ossia dal manager che li deve raggiungere, e dal suo capo che è delegato a rilasciare il premio. Non è infatti indicato che gli obiettivi e i corrispondenti premi vengano decisi unilateralmente da uno dei due attori, in quanto il risultato sarebbe ovviamente sbilanciato verso gli interessi dell'uno o dell'altro. Deve esistere una dialettica negoziale, dalla quale deve scaturire un risultato equilibrato (fatto di obiettivi raggiungibili e premi congrui).

Nel documento scritto devono essere sintetizzati, anche in meno di una pagina se si vuole, i due elementi fondamentali a cui abbiamo accennato poco sopra:

- **gli obiettivi** da raggiungere
- **il premio corrispondente** al raggiungimento di essi

Da fare bene attenzione che gli obiettivi, così come i premi ad essi collegati, possono essere svariati, e prevedere differenti livelli di raggiungimento.

In altre parole, è consigliabile, per entrambe le parti, concordare una **progressione** nel livello degli obiettivi raggiunti e nell'importo dei premi assegnati. In tale modo, la presenza di obiettivi progressivi sarà di stimolo al manager per il loro raggiungimento durante tutto l'anno di gestione, mentre dall'altro lato il titolare d'azienda potrà avere una progressione graduale degli importi da erogare.

Ma quali caratteristiche devono avere gli obiettivi da definire insieme? Essi devono possedere dei requisiti precisi:

- devono essere **misurabili**, in modo da poter associare un diverso livello premiante ai diversi valori del parametro quantitativo che misura l'obiettivo
- devono essere **raggiungibili**, pur contenendo un pizzico di sfida
- devono rappresentare un **valore aggiunto per l'azienda**, e non essere fini a sé stessi
- devono sostanzialmente **dipendere dall'azione del manager**, e dei suoi collaboratori diretti, e solo parzialmente dalla interazione con gli altri uffici o reparti aziendali

Se gli obiettivi (e i premi ad essi collegati) soddisfano queste caratteristiche, si otterrà un piano premiante efficace, che permetterà di raggiungere obiettivi di valore per l'azienda, che daranno a loro volta beneficio personale diretto al manager.

SEGRETO n.7: nell'MBO al documento scritto che riporta obiettivi e premi devono contribuire entrambe le parti, e gli obiettivi concordati devono avere precise caratteristiche: devono essere misurabili, raggiungibili, significativi per l'azienda, e dipendenti direttamente dal manager.

La reportistica

Quali sono gli strumenti per misurare i parametri che forniscono il grado di raggiungimento degli obiettivi concordati? O, in altre parole, quale è il "termometro" che misura il raggiungimento dei miei obiettivi? La risposta è una sola: **una reportistica chiara e adatta allo scopo.**

La reportistica è uno **strumento fondamentale** per il manager: essa rappresenta la forma con la quale esso presenta periodicamente i risultati e le performance del suo ufficio o del suo reparto all'AD o al titolare d'azienda. È la cartina al tornasole del suo lavoro.

I report, qualunque sia l'ambito di gestione del manager, dovranno essere strutturati in maniera sempre coerente.

Personalmente la reportistica direzionale che sono sempre stato abituato a produrre e presentare è costituita dall'incrocio di quattro elementi:

- due orizzonti temporali
- due profili: tecnico ed economico

L'incrocio di queste dimensioni di analisi permette di avere la visione completa dell'andamento del reparto aziendale sotto la tua responsabilità dal punto di vista dei tempi e dei valori.

I **due orizzonti temporali** sono:

- dati presentati **mese** per mese
- dati presentati **da inizio anno** alla fine del mese di riferimento (year to month, o year to date)

In entrambi i casi, è opportuno che i dati vengano presentati in valore assoluto e in differenza assoluta e percentuale.

I **profili** che è utile presentare, come detto, sono ancora due:

- profilo tecnico relativo alle **quantità / qualità**
- profilo tecnico relativo ai costi (o ricavi), ossia la **parte economica**.

In questo modo si riesce progressivamente a dare visibilità ai dati di interesse dai due punti di vista fondamentali per l'azienda (aspetto dei volumi e aspetto economico), dando anche all'analisi il dettaglio del singolo mese e l'andamento progressivo da inizio dell'anno.

SEGRETO n.8: lo strumento che devi usare per mostrare il raggiungimento degli obiettivi concordati è la reportistica: essa deve essere chiara e utile allo scopo, quindi tracciare i parametri che quantificano il progressivo raggiungimento degli obiettivi.

RIEPILOGO DEL GIORNO 3:

SEGRETO n.1: assumere le giuste decisioni richiede di possedere tanto le Hard Skills quanto le Soft Skills, che hanno pari importanza nel bagaglio professionale del manager.

SEGRETO n.2: le Hard Skills si sviluppano con la tradizionale formazione scolastica e accademica, e con l'esperienza di lavoro, che può essere "verticale" o "orizzontale".

SEGRETO n.3: le competenze tecniche da sole non bastano: il manager deve essere in grado di metterle al servizio del processo di miglioramento continuo, quindi deve calarle sulla realtà tecnica ed economica della sua area di attività.

SEGRETO n.4: le Soft Skills rappresentano il complesso di qualità caratteriali ed emotive con le quali il manager deve essere in grado di gestire i rapporti con le altre persone in modo proficuo e funzionale al raggiungimento degli obiettivi aziendali.

SEGRETO n.5: i tre stili di leadership Autoritario, Paternalistico e Autorevole hanno tutti pro e contro: possono essere usati in maniera flessibile a seconda della persona e del momento.

SEGRETO n.6: : tu e i tuoi collaboratori dovete sempre restare in situazione di stress positivo, cioè proficuo, senza mai superare il livello limite che comporta stress negativo, che causa una diminuzione delle performance

SEGRETO n.7: nell'MBO al documento scritto che riporta obiettivi e premi devono contribuire entrambe le parti, e gli obiettivi concordati devono avere precise caratteristiche: devono essere misurabili, raggiungibili, significativi per l'azienda, e dipendenti direttamente dal manager

SEGRETO n.8: lo strumento che devi usare per mostrare il raggiungimento degli obiettivi concordati è la reportistica: essa deve essere chiara e utile allo scopo, quindi tracciare i parametri che quantificano il progressivo raggiungimento degli obiettivi

CAPITOLO 4:

Come creare Empatia e Feeling con i propri Collaboratori

Abbiamo detto nel capitolo precedente che una delle caratteristiche fondamentali del buon manager è quella di saper gestire in maniera **efficace e proficua** il rapporto con i collaboratori.

Instaurare un rapporto produttivo con le proprie persone dipende in buona misura da come il manager sa valutare e considerare la **risorsa umana**. Molti dicono, a parole, di considerare le risorse umane come il bene più prezioso dell'azienda, mentre poi, di fatto, ad esse dedicano poche attenzioni.

Viceversa, un rapporto empatico (vedremo nel seguito cosa si intende con questo termine) con le persone si ottiene dedicando loro attenzione e **sincera considerazione**, e si può interpretare come un investimento a lungo termine. Inizialmente richiederà lavoro, tempo e impegno, ma nel medio e lungo periodo ripagherà

61

con gli interessi, permettendo di avere alle dipendenze una squadra davvero affiatata e vincente.

Ma cosa è, esattamente, l'empatia? La definizione di empatia è la seguente (*fonte wikipedia*):

"L'empatia è la capacità di comprendere a pieno lo stato d'animo altrui, sia che si tratti di gioia, che di dolore. Empatia significa sentire dentro ed è una capacità che fa parte dell'esperienza umana ed animale. Si tratta di un forte legame interpersonale e di un potente mezzo di cambiamento. Il concetto può prestarsi al facile riduttivismo di "mettersi nei panni dell'altro", mentre invece significa andare non solo verso l'altro, ma anche portare questi nel proprio mondo. Essa rappresenta, inoltre, la capacità di un individuo di **comprendere in modo immediato i pensieri e gli stati d'animo di un'altra persona.** *L'empatia è dunque un processo: essere con l'altro.*

L'empatia costituisce un modo di comunicare nel quale il ricevente mette in secondo piano il suo modo di percepire la realtà per cercare di far risaltare in sé stesso le esperienze e le percezioni dell'interlocutore. **È una forma molto profonda di** *comprensione dell'altro perché si tratta d'immedesimazione negli altrui sentimenti. Ci si sposta da un atteggiamento di mera osservazione esterna (di come l'altro appare all'immaginazione) al come invece si sente interiormente (in quei panni, con quell'esperienza di vita, con quelle origini, cercando di guardare attraverso i suoi occhi)."*

Dunque, come vedi, la definizione di empatia è ampia e complessa: quindi appare impegnativo instaurare un rapporto empatico, a maggior ragione per un manager, tanto più se si pensa che egli deve sforzarsi di farlo non con una, ma con tante persone, ossia quanti sono i suoi collaboratori.

Delega ed empatia

Per il manager riuscire ad ottenere dalla sua squadra il massimo possibile di prestazione lavorativa e di disponibilità e apertura verso gli obiettivi aziendali (che coincidono con i suoi obiettivi professionali) è un requisito essenziale.

Egli infatti non può svolgere in prima persona tutti i compiti che attengono al suo ufficio o al suo reparto, ma deve **saper delegare**.

Nell'attività quotidiana di un manager è nota da sempre la centralità della capacità di delega, dal momento che egli **può delegare un compito, ma non la responsabilità** che esso venga svolto correttamente.

Dunque emerge chiaramente come il manager debba poter contare su un team di lavoro, che può essere costituito dai suoi collaboratori regolari oppure da una squadra temporanea, che lo segua con fiducia e che sia disposto ad impegnarsi per il conseguimento degli obiettivi aziendali.

La delega prevede che il responsabile deleghi ad uno o più collaboratori un compito singolo, oppure una mansione continuativa; egli delega lo svolgimento pratico del compito, ma non delega mai la responsabilità: essa, infatti, resta sempre in capo al manager, che dunque è responsabile della delega stessa.

Anche in questo caso quindi la capacità del manager di individuare la giusta persona o il giusto gruppo di persone più indicato a svolgere un determinato compito è cruciale. Egli dovrà delegare a risorse che abbiano le capacità tecniche e gestionali tali da poter svolgere il compito senza generare problemi a colui che mantiene la responsabilità delle azioni dei suoi collaboratori. Quest'ultimo infatti risponderà all'azienda anche per le funzioni delegate, e sarà valutato e misurato anche sulla capacità di scelta delle persone cui delegare.

SEGRETO n.1: il primo passo per creare empatia con i collaboratori è la capacità di delegare: il manager può delegare un compito, ma mai la responsabilità

La capacità di delegare davvero è una qualità che non molti manager possiedono; alcuni delegano compiti, ma anche le responsabilità ad essi connesse, mentre, come già detto, soltanto a loro risulta in realtà in capo la responsabilità. Altri, sapendo bene di non poter delegare la responsabilità, hanno il timore, delegando, di esporsi ai rischi legati al fatto di mettere la loro responsabilità in mano ad altre persone.

Come detto sopra, in effetti delegare in maniera efficace e produttiva è un processo complesso, che pone alle sue basi il concetto della **fiducia**. Il manager che delega deve avere fiducia nella persona delegata, così come la persona delegata deve sentire la fiducia da parte del manager. Questa sussistenza di un rapporto fiduciario reciproco rende efficace il processo di delega.

Allora, rileggendo la definizione di empatia che ho riportato sopra, emerge come questo rapporto di reciproca fiducia che deve esistere tra delegante e delegato porta ad un primo mattone della costruzione di un rapporto empatico: il processo di delega deve produrre un **transfer** tra il manager e il collaboratore, per effetto del quale il collaboratore agisce come agirebbe il manager, e il manager ragiona come ragionerebbe il collaboratore.

Dunque emerge un processo di "immedesimazione" nell'altro in ragione del quale le due persone coinvolte si "sovrappongono" reciprocamente, evitando i problemi comunemente presenti nel processo di delega non ben condotto: fraintendimenti, non chiarezza dei perimetri di azione e sfiducia reciproca "occulta".

SEGRETO n.2: la delega efficace deve essere basata su una sovrapposizione incrociata tra delegante e delegato, alla cui base c'è la reciproca fiducia.

Dunque studiare la definizione di empatia serve per comprendere immediatamente la posizione in cui un manager si deve predisporre nei confronti dell'altro, sia esso un collaboratore o un collega. Il primo passo è quello della delega efficace.

Comunicazione ed empatia

Un altro concetto fondamentale della definizione che abbiamo visto sopra, oltre a quello dell'immedesimazione nell'altro, sta nella frase che definisce l'empatia come un modo di **comunicare**.

La comunicazione è un pezzo importantissimo della capacità di gestione di un manager. Attenzione però, occorre essere chiari su questo punto: molto spesso la nostra mente ci trae in inganno, e ci induce ad analizzare il nostro modo di comunicare solo attraverso l'analisi di "come ci rivolgiamo agli altri".

Sbagliato. Comunicare significa **sia parlare che ascoltare**. Ed entrambe queste operazioni si effettuano con le parole ma anche con la comunicazione meta-lessicale, ossia quella comunicazione che va oltre le parole e il loro significato.

Dunque la capacità di ascoltare e parlare con l'altro in maniera efficace per instaurare il rapporto empatico di cui stiamo parlando diventa basilare. Mi voglio soffermare qui soprattutto sulla prima parte del concetto, ossia sull'ascoltare.

Per i manager che ho incontrato nella mia carriera la cosa più difficile da fare è sempre stato **ascoltare**. La maggior parte delle volte l'ascolto era vissuto come una perdita di tempo, del loro prezioso tempo, anziché come un'opportunità di conoscere diversi punti di vista rispetto al loro. E magari, in aggiunta, anche vedere la risoluzione di un problema sotto una diversa ottica. Tale mancanza di ascolto viene subito percepita dell'interlocutore, che a quel punto alza le sue "barriere difensive", riducendo il valore aggiunto che mette nel suo dialogo col manager, e alla lunga rinunciando anche al confronto dialettico con esso.

Con grande perdita, ovviamente, per il manager stesso in primis.

È una cosa strana, che mi sono sempre spiegato con l'inclinazione, da parte di chi è arrivato in una certa posizione di potere e prestigio, a sminuire il contributo di chi "sta sotto", allo scopo di mantenere una posizione di dominio su di esso.

In realtà, l'attitudine ad ascoltare realmente l'altro, appunto ponendosi in una situazione empatica nei suoi confronti, porta ad un **arricchimento** del proprio bagaglio di conoscenze. E inoltre, ha anche l'effetto benefico di instaurare nell'interlocutore la giusta convinzione che il suo contributo è fondamentale, che il capo ha l'umiltà di ascoltarlo e a volte anche di seguire i suoi suggerimenti.

Torno a sottolineare che il segreto per comprendere l'altro, decifrare il suo modo di ragionare, le sue mappe mentali e in definitiva comprendere come convincerlo a perseguire i nostri stessi obiettivi, è **entrare in sintonia** con esso. Si tratta di una immedesimazione completa nella visione del mondo dell'altro.

SEGRETO n.3: la capacità fondamentale nel bagaglio comunicativo di un manager deve essere quella di saper ascoltare, ancora prima di quella di saper parlare, allo scopo di entrare in completa sintonia coi suoi collaboratori.

Entrare in empatia con l'altro permette di comprendere i suoi meccanismi mentali e quindi di prevedere cosa penserà se sollecitato su vari temi in vari modi. E metterà il nostro interlocutore in una situazione di confort relazionale, che gli permetterà a sua volta di a porsi in maniera più sincera e aperta di fronte alle nostre richieste ed alle nostre osservazioni.

Empatia e feeling

Ma quali sono, nel concreto, i benefici per il manager di instaurare un rapporto empatico con i suoi collaboratori?

Un ambiente lavorativo in cui ci sia un **feeling** positivo tra capo e collaboratori si traduce nella creazione di una squadra vincente. Nella mia esperienza diretta ho potuto verificare SEMPRE, senza nessuna eccezione, che i risultati migliori e più stabili e duraturi nel tempo si possono ottenere soltanto con una **squadra affiatata**. Avere una squadra affiatata significa poter contare su un gruppo di persone che condividono gli stessi obiettivi, che li perseguono con tenacia e volontà, che si sostengono a vicenda e che traggono soddisfazione dallo stare insieme. E tutto questo lo si ottiene davvero soltanto se il manager riesce a stabilire un rapporto empatico, da cui scaturisce un feeling profondo.

SEGRETO n.4: solo dall'empatia tra manager e collaboratori nasce un feeling che porta alla creazione di una squadra vincente, che condivide e persegue gli stessi obiettivi, con gli stessi metodi, negli stessi tempi.

Questa **vicinanza emotiva** del manager coi suoi collaboratori permette a tutta la squadra di raggiungere grandi obiettivi, in quanto le risorse di ognuno si combinano in modo **sinergico** dando un risultato maggiore della somma delle singole risorse di ciascuno.

La creazione di un ambiente in cui ci sia feeling tra le persone, e con chi le coordina, porta come conseguenza automatica alla auto-generazione della motivazione delle persone. Lavorare con persone profondamente motivate a fare ciò che fanno è fondamentale ai fini della produttività del proprio lavoro. La motivazione delle persone può nascere da cause esogene, ossia esterne alla persona stessa, oppure da cause endogene, ossia interne alla persona.

Le motivazioni **esogene** possono essere i normali riconoscimenti che una persona di valore può ricevere dall'azienda:

- avanzamenti di carriera

- aumenti di stipendio

- coinvolgimento in progetti importanti

Questi fattori sono senza dubbio importanti (parleremo in un prossimo capitolo di quanto sia importante per il manager saper pubblicizzare sia in azienda che fuori i risultati del lavoro suo e della sua squadra), ma hanno la predisposizione ad essere rapidamente "assorbiti" dall'individuo. Ciò significa che tali spinte alla motivazione, per funzionare, devono essere rinnovate dall'azienda con una certa frequenza, per la naturale tendenza delle persone a considerarle, dopo un certo tempo, ormai acquisite.

Viceversa, le motivazioni **endogene** sono quelle che nascono all'interno della persona, cioè quelle che muovono dai **valori** fondanti di ciascuno, e che possono essere smosse a loro volta da un rapporto profondo con il capo e con i colleghi. Questo tipo di motivazione, una volta che il manager sia in grado di farla nascere nei suoi collaboratori, ha il pregio di rinnovarsi quasi da sola, e dunque di apportare i suoi benefici effetti per lungo tempo.

SEGRETO n.5: la motivazione più proficua e duratura nasce dall'interno delle persone, dai loro valori, e non dall'esterno per fattori esogeni.

Gli incontri tra il manager e la sua squadra

Per concludere occorre parlare dell'importanza degli incontri tra il manager e la sua squadra come momento di crescita professionale.

Questi incontri devono essere improntati alla massima trasparenza e apertura gli uni nei confronti dell'altro, e viceversa. Il momento **dell'incontro** deve coincidere con il momento **del confronto**, che deve essere, come già detto, sincero e diretto.

Le opinioni e i fatti devono essere esposti con chiarezza e trasparenza, senza "tendere trappole" a nessuno, e con il solo scopo di discutere e assumere le decisioni più corrette. Impostare il dialogo su queste linee-guida permette, anche e a maggior ragione durante questi incontri, di instaurare un feeling che agevola lo scambio naturale dei punti di vista di ognuno, e che favorisce la ricerca della migliore soluzione. In questi incontri sarà sempre il manager che, in maniera più o meno esplicita, ricoprirà il ruolo di "facilitatore", favorendo l'ascolto reciproco e lo scambio di opinioni tra e con i collaboratori.

Sarà sempre lui, il manager, che a fine incontro dovrà riassumere gli elementi emersi durante la riunione, e tradurre il risultato della discussione in azioni concrete, che verranno attuate da lui stesso, o, tramite delega, dai suoi collaboratori. Giunti a questo punto le decisioni assunte avranno l'ottimale caratteristica di essere già state **condivise** con le persone coinvolte, che anzi si saranno sentite loro stesse parte attiva nella loro definizione. L'effetto per il manager sarà quello di vedere realizzate le cose decise quasi "naturalmente", senza particolari esigenze di controllo o sollecito.

SEGRETO n.6: il momento in cui il feeling empatico tra manager e collaboratori dà i suoi più evidenti e fecondi frutti è quello dell'incontro del capo con la sua squadra.

RIEPILOGO DEL GIORNO 4:

SEGRETO n.1: il primo passo per creare empatia con i collaboratori è la capacità di delegare: il manager può delegare un compito, ma mai la responsabilità.

SEGRETO n.2: la delega efficace deve essere basata su una sovrapposizione incrociata tra delegante e delegato, alla cui base c'è la reciproca fiducia.

SEGRETO n.3: la capacità fondamentale nel bagaglio comunicativo di un manager deve essere quella di saper ascoltare, ancora prima di quella di saper parlare, allo scopo di entrare in completa sintonia coi suoi collaboratori.

SEGRETO n.4: solo dall'empatia tra manager e collaboratori nasce un feeling che porta alla creazione di una squadra vincente, che condivide e persegue gli stessi obiettivi, con gli stessi metodi, negli stessi tempi.

SEGRETO n.5: la motivazione più proficua e duratura nasce dall'interno delle persone, dai loro valori, e non dall'esterno per fattori esogeni.

SEGRETO n.6: il momento in cui il feeling empatico tra manager e collaboratori dà i suoi più evidenti e fecondi frutti è quello dell'incontro del capo con la sua squadra.

CAPITOLO 5:
Come Gestire i Conflitti e il Rapporto con il Pubblico

Ti sto insegnando in questa guida come gestire al meglio le tue risorse ed ottenere da loro il massimo per il raggiungimento degli obiettivi. Stabilire un rapporto empatico ed un feeling positivo è il tuo obiettivo. Ma nella realtà, in tutte le comunità umane e quindi anche nell'ambito lavorativo, le cose non filano mai perfettamente lisce e senza intoppi.

Laddove ci sono più persone che condividono del tempo e un ambiente, ci sono differenti idee. Come si usa dire, "ogni testa è un mondo", quindi ognuno, alla fine vedrà le cose dal suo punto di vista. E se ciascuno vede le cose coi suoi occhi, è inevitabile la nascita di tensioni e conflitti tra le persone.

Anche in una squadra molto affiatata, quindi, il conflitto sarà presente, e per ciò stesso il capo della squadra, ossia il manager, dovrà essere in grado di gestire tali conflitti, e di condurli a termine nella maniera più proficua possibile.

Le nature del conflitto

Ma per quale motivo ci possono essere differenze di vedute tra le persone in ambito aziendale? Da cosa derivano i conflitti?

Nelle aziende reali i processi decisionali e produttivi non sono quasi mai perfettamente fluidi e senza imprevisti. Nel mondo reale, le aziende e i loro processi interni, sono sempre soggetti alle perturbazioni che arrivano dal mondo esterno (i mercati, i fornitori, le legislazioni, le normative tecniche mutevoli, e così via), e anche dalla realtà interna all'azienda stessa (cambi di priorità, cambio di politiche aziendali, revisione di processi, eccetera eccetera).

Se dunque si potrebbe sperare che il manager si trovi normalmente a dover gestire una situazione prevedibile e senza criticità causate, nella realtà la vita aziendale del manager è costellata molto fittamente dagli **interventi correttivi** rispetto a quanto aveva preventivato o progettato o programmato.

E quando si devono introdurre variazioni, leggere o pesanti, su previsioni fatte e su interazioni con il resto della organizzazione aziendale, è inevitabile che nascano dei conflitti. Questi conflitti possono essere sostanzialmente di due nature:

- conflitti di processo
- conflitti professionali e/o personali

E' essenziale comprendere e individuare correttamente la natura di un conflitto, poiché da essa deriva il metodo migliore per la sua risoluzione.

SEGRETO n.1: per risolvere un conflitto in azienda è fondamentale distinguerne la natura, poiché da essa dipende il metodo di risoluzione: conflitto di Processo o conflitto Personale.

I conflitti di Processo

Occorre subito dire che i conflitti di processo sono dei fenomeni abbastanza normali e anzi direi frequenti negli ambienti lavorativi, maggiormente presenti nelle aziende più complesse e sviluppate, e dunque probabilmente con una maggiore presenza di manager.

Ci sono infatti fasi e processi aziendali che sono quasi per definizione in conflitto di interesse tra di loro: pensiamo per esempio a:

- Vendite *VS* Amministrazione (ad esempio possibili conflitti per pagamenti in sospeso rispetto forniture già ordinate da clienti "cattivi pagatori")

- Commerciale *VS* Logistica (per esempio possibili tensioni dovute a tempi di consegna promessi dalle Vendite e non rispettati dal magazzino)

- Logistica *VS* Produzione (potenziali problemi derivanti dalla non disponibilità di prodotto a fronte di richieste negli ordinativi)

- Personale *VS* Direzioni Operative (ad esempio sono possibili divergenze rispetto alle politiche di retribuzione e incentivazione del personale)

In tutti questi casi, ma in realtà se ne potrebbero trovare decine di altri, le differenti funzioni aziendali coinvolte si trovano spesso a dover discutere nel merito della gestione di processi aziendali, in quanto esse si configurano in sostanza come coppie **cliente – fornitore** interne all'azienda stessa.

Poiché un fornitore, anche interno all'azienda, dovrà appunto fornire ad un cliente, anch'esso interno all'azienda, un prodotto – servizio, esisterà sempre una dialettica che porterà il cliente a richiedere di più e in meno tempo e il fornitore a fornire di meno e in più tempo.

SEGRETO n.2: i conflitti di Processo interni all'azienda sono legati alla dinamica cliente / fornitore interno: per tale ragione sono inevitabili, ed occorre saperlo per poterli gestire efficacemente.

Questo tipo di conflitti di processo sono quelli più semplicemente affrontabili e risolvibili da parte dei manager dedicati alla gestione delle diverse funzioni aziendali, in quanto essi devono (o per lo meno dovrebbero) essere in ogni caso accomunati dal medesimo fine ultimo: la creazione del valore per l'azienda, e dunque il perseguimento degli obiettivi aziendali.

Tale esistenza di tensioni, come detto, va riconosciuta come inevitabile e frutto della natura dialettica dei rapporti tra funzioni all'interno dell'azienda. Nel caso però in cui questa "litigiosità di processo" nell'organizzazione fosse troppo elevata, significherebbe che l'azienda ha in realtà degli oggettivi problemi organizzativi, che possono a loro volta avere due differenti cause:

1 - **l'azienda è strutturata male a livello di processi**: ossia i processi aziendali di creazione del valore trasversali alle varie funzioni aziendali sono mal progettati e mal realizzati. In altre parole, significa che il processo di creazione del valore non è stato implementato nel modo corretto, e ci sono degli attriti strutturali interni al sistema che ne impediscono un funzionamento fluido.

In questi casi, molto spesso, una soluzione risulta quella di ricorrere all'aiuto di consulenti esterni che ristudino e re-ingegnerizzino i processi; in alternativa, ma l'azienda in questo caso deve essere dotata delle professionalità necessarie, è possibile avviare una attività di reingegnerizzazione con risorse interne, attraverso degli *assessment* specifici per direzione. Questa via di risoluzione interna ad un problema organizzativo è il caso di più difficile osservazione, data la naturale resistenza al cambiamento da parte delle persone.

2 - l'azienda non è ben governata a livello organizzativo apicale; in altre parole, la direzione apicale dell'azienda (che può essere rappresentata dal titolare d'azienda, dall'Amministratore Delegato, oppure dal Presidente del CdA o dal Direttore Generale) non è in grado di definire chiaramente e trasmettere ai manager di funzione gli obiettivi aziendali, che pertanto risultano vaghi (se non addirittura in reciproca contraddizione), o confusi, permettendone una interpretazione troppo personale da parte proprio dei manager di secondo livello.

Questa situazione crea generalmente incomprensioni, equivoci e la non condivisione delle priorità e degli obiettivi aziendali. A sua volta ciò genera come prodotto automatico un'elevata litigiosità. In questi casi l'intervento riorganizzativo del consulente esterno può risultare spesso molto difficile o addirittura impossibile, trattandosi di problematiche "ambientali" e non tecniche, o di processo.

Per concludere, il buon manager, in caso di tensioni interne all'azienda troppo elevate, deve essere in grado di comprenderne la natura e i motivi profondi, e dare il suo contributo a livello direzionale apicale per la corretta interpretazione del fenomeno e la sua risoluzione. Certamente, se il problema organizzativo che genera conflitti ricade nella seconda tipologia descritta qui sopra, affrontarlo e risolverlo con i diretti interessati richiederà molto tatto e altrettanta prudenza, dunque sarà il caso più delicato da affrontare.

I conflitti Personali

Nell'ambito dei conflitti di Processo abbiamo analizzato quelle tensioni e divergenze che possono nascere nel macro-habitat aziendale causati dal funzionamento della catena del valore.

Nell'habitat aziendale, però, occorre considerare che esistono anche dei micro-habitat, che possono replicare su scala ridotta le stesse problematiche che si riscontrano a livello macro (ricordo che l'Azienda è un Sistema Complesso costituito dall'unione di svariati Sistemi Complessi più piccoli, per cui le medesime dinamiche si ripetono, su scale differenti, a tutti i livelli). In questo caso i soggetti sul campo sono le persone, e non più le funzioni aziendali. In ambiti più ridotti, tipicamente costituiti dai reparti aziendali, possono quindi esistere conflitti tra persone, e nello specifico avremo conflitti **tra** collaboratori e i conflitti **coi** collaboratori, che coinvolgono il manager. Vediamo separatamente queste due tipologie.

Conflitti tra collaboratori

Un aspetto spesso molto importante in un'azienda, e in una struttura aziendale sottoposta alla gestione di un manager, è quello legato alla conflittualità tra colleghi, all'interno di un ufficio o di un reparto.

Il manager, che intende se stesso come l'allenatore di una squadra vincente, sa bene che l'armonia interna allo "spogliatoio" è fondamentale per raggiungere i traguardi che ci si pone. Fare in modo quindi che tra le persone che collaborano con lui ci sia accordo e comunità di intenti, risulta veramente fondamentale.

La qualità più importante da sviluppare per il manager che si trovi alle prese con questo tipo di problematica è **l'equidistanza**, ossia l'obiettività nelle valutazioni e nelle decisioni.

Esistono casi in cui, a fronte di una divergenza di vedute, o addirittura di un litigio tra i propri collaboratori, il manager si troverà a dover ascoltare le persone e i loro punti di vista, e a dover decidere cosa e come fare, dando per forza di cose ragione a qualcuno e torto a qualcun altro.

In questi casi l'obiettività di giudizio è irrinunciabile; **ne va della reputazione e dell'autorevolezza del manager** presso i suoi dipendenti. Infatti, occorre sempre dare dimostrazione ai collaboratori che nelle proprie valutazioni si tengono sempre presenti la realtà dei fatti e i dati oggettivi, mentre non si dà peso a simpatie, antipatie o preferenze personali. I collaboratori devono sempre essere consapevoli di essere valutati e giudicati in base a qualità oggettive e risultati tangibili, e non in funzione dei rapporti privilegiati che possano avere con il proprio manager.

In questo modo, tutti saranno motivati a dare il massimo in termini di prestazioni e di risultati, nella certezza che saranno giudicati in base a questi, e che in caso di discussione varranno soltanto i fatti oggettivi e nient'altro. Beninteso, non sto incoraggiando il confronto continuo e procrastinato all'infinito;

alla discussione, anche approfondita, deve sempre seguire una decisione da parte del manager, in quanto egli solo è, come abbiamo già ripetuto, responsabile della sua area di gestione. In nessun caso la decisione finale può essere lasciata ai collaboratori in dissidio.

SEGRETO n.3: in caso di dissidio tra collaboratori, il manager chiamato a dirimerlo dovrà dimostrare equidistanza e obiettività di valutazione: ne va della sua reputazione e autorevolezza.

Conflitti con i collaboratori

Un altro tipo di conflitto che il manager deve essere in grado di gestire col massimo della professionalità è quello tra lui stesso e i propri collaboratori. Esiste infatti frequentemente la possibilità che gli obiettivi perseguiti dal manager siano in conflitto con le attitudini e le abitudini dei suoi collaboratori, i quali allora non concorderanno né su cosa va fatto, né su come vada fatto.

Abbiamo visto in un precedente capitolo i differenti stili di leadership; ebbene, mentre in quel capitolo avevo scritto che non si può dare un giudizio di qualità a priori sui tre stili di comando, viceversa in questo caso lo stile di comando da adottare più produttivo non è certamente quello autoritario: ossia "io sono il capo e ho deciso così, quindi dovete adeguarvi".

Questo approccio, infatti, se risolve nel momento contingente il conflitto, permettendovi di portare avanti le decisioni che avete assunto, alla lunga non si dimostra mai il più efficace, perché instaurerà nella mente dei vostri collaboratori la convinzione secondo cui è inutile stare a discutere con voi, perché tanto non date ascolto a nessuno.

Al contrario, avere dei collaboratori che mettano in discussione le nostre decisioni, nei dovuti modi e argomentando correttamente, è importante, per sottoporle a verifica critica ed eventualmente correggerle o migliorarle.

È dunque più efficace affrontare questi conflitti con uno **stile autorevole**, non rinunciando a spiegare alle persone che lavorano con noi i motivi per cui abbiamo assunto determinate decisioni, e i vincoli che con esse devono essere salvaguardati. Il risultato di questo approccio sarà forse quello di dover correggere o cambiare la nostra decisione a seconda della discussione intavolata coi collaboratori, ma anche, e soprattutto, quello di avere alle proprie dipendenze persone che ragionano "con la loro testa" e che ci possono dare suggerimenti preziosi, anche in futuro.

SEGRETO n.4: in caso di conflitto tra manager e collaboratori, è consigliabile adottare lo stile di leadership autorevole, in quanto è quello che favorisce lo scambio di idee e dunque permette ai collaboratori di essere utili al manager con le loro idee, anche nel futuro.

In generale, e in conclusione del capitolo sulla gestione dei conflitti, il buon manager deve essere guidato da pochi ma chiari principi. La propria rettitudine sulla via della imparzialità e obiettività di giudizio produce il migliore esempio che si possa dare ai propri dipendenti. Se è vero, come è vero, che "**la parola conduce, l'esempio trascina**", il buon esempio offerto dal manager che, con autorevolezza, percorre la via da seguire, è il fattore fondamentale per la buona riuscita nella gestione del conflitto.

Il manager deve sapere condurre il processo dialettico del conflitto verso un risultato produttivo, e lo deve fare mettendo in campo tutte le sue qualità di mediazione e di persuasione. Ci sono corsi interi dedicati alla persuasione ed allo sviluppo della capacità di mediare tra differenti posizioni, per cui non mi dilungo oltre su questo argomento.

Quello che voglio evidenziare qui è che anche una occasione apparentemente "negativa" quale quella di un conflitto può trasformarsi, nelle mani di un manager capace, in un'occasione di crescita personale degli interlocutori e di crescita per la squadra nel suo complesso. Il risultato della discussione deve essere qualcosa che lega maggiormente tra loro i componenti della squadra, e non che li allontana.

SEGRETO n.5: il risultato finale della chiusura di un conflitto deve essere un fattore che rinsalda la squadra, non che la divide; il manager può ottenere questo risultato con il buon esempio dell'autorevolezza e della obiettività, a cui dovrà comunque sempre seguire una decisione.

Gestire il Pubblico

Un manager moderno, che ricopre una posizione di responsabilità in azienda e che è chiamato a gestire sistemi complessi, non può certamente rinunciare alla capacità di **confrontarsi con il pubblico.**

SEGRETO n.6: il buon manager deve trovarsi a suo agio durante il confronto con il pubblico, che può essere di differente natura e quantità a seconda dei contesti.

Se per "pubblico" ci immaginassimo sempre grandi platee silenziose che ascoltano quanto abbiamo da dire loro, saremmo tratti in inganno. Anche i partecipanti ad una riunione, ai quali si devono esporre dei contenuti, rappresentano un pubblico. Evidentemente, in tale caso, colui che espone i concetti avrà a disposizione maggiori strumenti rispetto alla situazione in cui si trova davanti ad una platea più vasta; ma sempre di pubblico si deve parlare.

Il caso opposto a quello di una riunione di lavoro limitata a qualche unità di persone, è quello del discorso tenuto davanti ad una platea vasta. In questa situazione il manager che espone i suoi contenuti avrà a disposizione probabilmente degli strumenti tecnologici in più (un microfono, certamente uno schermo su cui mostrare dei documenti o delle presentazioni), ma l'efficacia della esposizione dei contenuti ha la medesima importanza. In ogni caso, **l'efficacia nell'esposizione dei contenuti è fondamentale.**

Il manager come guida

Il manager non deve mai dimenticare di avere un ruolo di **guida** di persone, e nel caso parli davanti ad un uditorio più o meno vasto, deve considerarsi in quel momento guida dell'uditorio stesso.

Occorre sempre ricordare che la comunicazione in pubblico è molto diversa da quella privata, o one-to-one. In quest'ultima, infatti, il rapporto prevede un tipo di comunicazione **bidirezionale**, in cui gli interlocutori parlano a turno, e si influenzano direttamente con i linguaggi verbali, non verbali e meta-verbali. Nel caso della vera e propria comunicazione pubblica invece, si tratta di una comunicazione in gran parte **monodirezionale**, dallo speaker verso il pubblico, appunto, e dunque, per questo più complessa.

SEGRETO n.7: la comunicazione one-to-one è bidirezionale, mentre quella con un pubblico vasto è monodirezionale; occorre avere chiara questa differenza per approcciare nel modo più corretto le due differenti situazioni.

Parlare in pubblico

Il cosiddetto *public speaking* è spesso uno scoglio molto difficile da superare, in quanto coinvolge le sfere più personali delle persone, che devono essere comprese e migliorate per instaurare una comunicazione efficace.

Occorre dunque che il manager adotti delle strategie molto "operative" per sbarazzarsi della paura di parlare davanti alle altre persone.

Immaginarsi un pubblico amico

Il primo suggerimento che si può dare consiste nell'effettuare la cosiddetta **ridefinizione della platea**; la platea che si ha di fronte non rappresenta una giuria, o peggio ancora un tribunale pronto a valutare o addirittura giudicare, ma deve essere, nella mente di chi parla, trasformata in un gruppo di "cari amici". Questo stratagemma ha il benefico effetto di ridurre istantaneamente la tensione nella mente e nella "pancia" dello speaker, e dunque di liberare naturalmente e spontaneamente il flusso delle parole.

Esso può essere reso ulteriormente più efficace se, congiuntamente alla propria convinzione interna di essere di fronte ad un pubblico "amico", viene accompagnato anche da una introduzione da parte dello speaker che allenti la tensione. Per esempio, una veloce battuta ed uno sguardo di intesa rivolto velocemente alle prime file della platea, accompagnato da un sorriso: uno sguardo del genere, anche se dura pochi secondi, ha il potere di risultare amichevole in chi ti sta osservando, e dunque di rendere la platea realmente amica. Fare il contrario, ossia fuggire lo sguardo altrui, è invece particolarmente controproducente, perché dà l'impressione che chi parla stia "mentendo", e dunque produrrà nella realtà un pubblico più "ostile".

Chiarezza espositiva

Un altro "trucco del mestiere" molto efficace per relazionarsi in maniera più semplice e proficua con un pubblico è quello di non

93

abbandonare mai la chiarezza espositiva nel proprio discorso. Va da sé ovviamente che per affrontare un discorso pubblico, occorre che il manager si sia precedentemente preparato: avrà elaborato dei contenuti, avrà immaginato un "filo logico" del discorso, ed anche si sarà prefigurato una durata globale del suo intervento. Ha dunque nella sua mente molto chiaro lo schema secondo il quale si svolgerà il suo intervento.

Questa chiarezza mentale deve tradursi efficacemente in chiarezza di esposizione: il discorso dovrà **mantenere i passaggi logici** che lo speaker aveva programmato, il linguaggio dovrà essere pertinente, tecnico se necessario, ma mai adottare complicate circonlocuzioni verbali, oppure eccedere in tecnicismi esasperati. Considerare il tuo pubblico come un gruppo di persone capaci di seguire un discorso logico e ben esposto, ti porta tranquillità e possibilità di seguire quel filo logico che avevi progettato nella tua mente.

Infine, per amore della chiarezza espositiva, ti consiglio di usare sempre un tono colloquiale: è il modo più rilassante di gestire un pubblico, ha il potere di dare "personalità" al discorso e di restare maggiormente impresso nella memoria di chi ascolta, a differenza di un linguaggio da "libro stampato".

SEGRETO n.8: l'approccio mentale vincente nella comunicazione in pubblico è quello di immaginare una platea amica; con essa si deve parlare con chiarezza espositiva, seguendo il filo logico che si è progettato in preparazione del discorso.

In buona sostanza, anche la comunicazione pubblica richiede le consuete qualità al manager: **chiarezza di idee, naturalezza nei comportamenti, attenzione al prossimo e consapevolezza del proprio ruolo di leader.**

RIEPILOGO DEL GIORNO 5:

SEGRETO n.1: per risolvere un conflitto in azienda è fondamentale distinguerne la natura, poiché da essa dipende il metodo di risoluzione: conflitto di Processo o conflitto Personale.

SEGRETO n.2: i conflitti di Processo interni all'azienda sono legati alla dinamica cliente / fornitore interno: per tale ragione sono inevitabili, ed occorre saperlo per poterli gestire efficacemente.

SEGRETO n.3: in caso di dissidio tra collaboratori, il manager chiamato a dirimerlo dovrà dimostrare equidistanza e obiettività di valutazione: ne va della sua reputazione e autorevolezza.

SEGRETO n.4: in caso di conflitto tra manager e collaboratori, è consigliabile adottare lo stile di leadership autorevole, in quanto è quello che favorisce lo scambio di idee e dunque permette ai collaboratori di essere utili al manager con le loro idee, anche nel futuro.

SEGRETO n.5: il risultato finale della chiusura di un conflitto deve essere un fattore che rinsalda la squadra, non che la divide; il manager può ottenere questo risultato con il buon esempio dell'autorevolezza e della obiettività, a cui dovrà comunque sempre seguire una decisione.

SEGRETO n.6: il buon manager deve trovarsi a suo agio durante il confronto con il pubblico, che può essere di differente natura e quantità a seconda dei contesti.

SEGRETO n.7: la comunicazione one-to-one è bidirezionale, mentre quella con un pubblico vasto è monodirezionale; occorre avere chiara questa differenza per approcciare nel modo più corretto le due differenti situazioni.

SEGRETO n.8: l'approccio mentale vincente nella comunicazione in pubblico è quello di immaginare una platea amica; con essa si deve parlare con chiarezza espositiva, seguendo il filo logico che si è progettato in preparazione del discorso.

CONCLUSIONI

Siamo giunti alla fine di questa guida. Quando hai iniziato a leggerla non sapevi ancora quali sono le qualità che occorre sviluppare per fare carriera e diventare un manager di successo. Ora hai letto una prima volta i segreti che ti permetteranno, se saprai interpretarli nel modo corretto e metterli in pratica con impegno e costanza, di **coronare la tua carriera**.

Diventare, e fare il manager, significa **dedicare attenzione e impegno costanti**, seguire i principi di gestione efficace che ti ho insegnato e non smettere mai di aggiornarsi.

Ti consiglio quindi di rileggere questo libro, due, tre volte, nel tempo, per scoprire con maggiore consapevolezza le qualità che ti permettono di guidare la tua squadra in modo da raggiungere gli obiettivi e migliorare te stesso.

Possiamo riassumere il percorso che hai scoperto leggendo questa guida, dall'inizio, in questi passi fondamentali:

1) Vuoi fare il manager perché è la figura del dipendente che più si avvicina al ruolo dell'imprenditore per come interpreta il suo mestiere: **responsabilità e autonomia.**

2) La prima qualità di un manager è la capacità di **concretizzare concetti astratti in azioni reali**, che si sviluppano in un insieme di Sistemi Complessi (l'Azienda), individuabili come le tappe del processo di creazione del valore interno all'azienda: dovrai **perseguire i risultati aziendali.**

3) Assumere le giuste decisioni richiede di possedere tanto le **Hard Skills**, che si sviluppano con la formazione accademica, e con l'esperienza di lavoro, "verticale" o "orizzontale", quanto le **Soft Skills**, che rappresentano le qualità caratteriali, emotive e gestionali con le quali il manager sa gestire i rapporti con le altre persone in modo proficuo e funzionale.

4) Per creare **empatia** con i collaboratori occorre la capacità di **delegare** efficacemente tramite la sovrapposizione incrociata

tra delegante e delegato, alla cui base c'è la reciproca **fiducia**. Prima di saper parlare, un manager deve saper ascoltare: solo così nasce l'empatia tra manager e collaboratori.

5) Per risolvere un conflitto è fondamentale distinguerne la natura: **conflitto di Processo o conflitto Personale**? Il buon manager, inoltre, deve trovarsi a suo agio durante il **confronto con il pubblico**. Per tutti i tipi di pubblico, l'efficacia nella esposizione dei contenuti è fondamentale.

Rileggi questo **"riassunto ragionato"** ogni volta prima di riscoprire uno dei capitoli che ti interessa. Ti permetterà di migliorare la tua completezza e competenza professionale, che faranno in modo che la stima nei tuoi confronti da parte della tua azienda sarà sempre presente e crescente.

Per questo mi sento di farti un grosso "in bocca al lupo": **agisci, qui e ora**, prendi in mano la tua vita professionale e dalle una svolta. **TE LO MERITI!**

Buona Carriera!

Andrea Cattaneo

www.ingramcontent.com/pod-product-compliance
Lightning Source LLC
Chambersburg PA
CBHW071607200326
41519CB00021BB/6908